VICTOR HUGO

PARIS

ET

ROME

Introduction au livre *Depuis l'Exil*

PARIS

CALMANN LÉVY, ÉDITEUR

ANCIENNE MAISON MICHEL LÉVY FRÈRES

RUE AUBER, 3, ET BOULEVARD DES ITALIENS, 15

A LA LIBRAIRIE NOUVELLE

1876

PARIS ET ROME

VICTOR HUGO

PARIS

ET

ROME

Introduction au livre *Depuis l'Exil*

PARIS

CALMANN LÉVY, ÉDITEUR

ANCIENNE MAISON MICHEL LÉVY FRÈRES

RUE AUBER, 3, ET BOULEVARD DES ITALIENS, 15

A LA LIBRAIRIE NOUVELLE

1876

PARIS ET ROME

I

Cette trilogie, *Avant l'Exil*, *Pendant l'Exil*, *Depuis l'Exil*, n'est pas de moi; elle est de l'empereur Napoléon III. C'est lui qui a partagé ma vie de cette façon; que l'honneur lui en revienne. Il faut rendre à César ce qui est à Bonaparte.

La trilogie est très-bien faite; et l'on pourrait dire selon les règles de l'art. Chacun de ces trois volumes contient un exil; dans le premier il y a l'exil de France, dans le deuxième l'exil de Jersey, dans le troisième l'exil de Belgique.

Une rectification pourtant. L'exil, pour les deux derniers pays, est un mot impropre; le mot vrai est expulsion. Il n'y a d'exil que de la patrie.

Une vie tout entière est dans ces trois volumes. Elle y est complète. Dix ans dans le tome premier; dix-neuf ans dans le tome second; six ans dans le tome troisième. Cela va de 1841 à 1876. On peut dans ces pages réelles étudier jour par jour la marche d'un esprit vers la vérité; sans jamais un pas en arrière; l'homme qui est dans ce livre l'a dit et le répète.

Ce livre, c'est quelque chose comme l'ombre d'un passant fixée sur le sol.

Ce livre a la forme vraie d'un homme.

On remarquera peut-être que ce livre commence (tome I, Institut, juin 1841) par un conseil de résistance et se termine (tome III, Sénat, mai 876) par un conseil de clémence. Résistance aux tyrans, clémence aux vaincus. C'est là en effet toute la loi de la conscience. Trente-cinq années séparent dans ce livre le premier conseil du second; mais le double devoir qu'ils imposent est indiqué, accepté et pratiqué dans toutes les pages de ces trois volumes.

L'auteur n'a plus qu'une chose à faire : continuer et mourir.

Il a quitté son pays le 11 décembre 1851; il y est revenu le 5 septembre 1870.

A son retour, il a trouvé l'heure plus sombre et le devoir plus grand que jamais.

II

La patrie a cela de poignant qu'en sortir est triste, et qu'y rentrer est quelquefois plus triste encore. Quel proscrit romain n'eût mieux aimé mourir comme Brutus que voir l'invasion d'Attila? Quel proscrit français n'eût préféré l'exil éternel à l'effondrement de la France sous la Prusse, et à l'arrachement de Metz et de Strasbourg ?

Revenir dans son foyer natal le jour des catastrophes ; être ramené par des événements qui vous indignent ; avoir longtemps appelé la patrie dans sa nostalgie et se sentir insulté par la complaisance du destin qui vous exauce en vous humiliant ; être tenté de souffleter la fortune qui mêle un vol à une restitution ; retrouver son pays, *dulces Argos,* sous les pieds de deux empires, l'un en triomphe, l'autre en déroute ; franchir la frontière sacrée à l'heure où l'étranger la viole ; ne pouvoir que baiser la terre en pleurant ; avoir à peine la force de crier : France ! dans un étouffement de sanglots ; assister à l'écrasement des braves ; voir monter à l'horizon de hideuses fumées, gloire de l'ennemi faite de votre honte ; passer où le carnage vient de passer ; traverser des

champs sinistres où l'herbe sera plus épaisse l'année
prochaine ; voir se prolonger à perte de vue, à me-
sure qu'on avance, dans les prés, dans les bois, dans
les vallons, dans les collines, cette chose que la
France n'aime pas, la fuite ; rencontrer des disper-
sions farouches de soldats accablés ; puis rentrer dans
l'immense ville héroïque qui va subir un monstrueux
siége de cinq mois ; retrouver la France, mais gisante
et sanglante, revoir Paris, mais affamé et bombardé,
certes, c'est là une inexprimable douleur.

C'est l'arrivée des barbares ; eh bien, il y a une
autre attaque non moins funeste, c'est l'arrivée des
ténèbres.

Si quelque chose est plus lugubre que le piétine-
ment de nos sillons par les talons de la landwehr,
c'est l'envahissement du dix-neuvième siècle par le
moyen-âge. Crescendo outrageant. Après l'empereur,
le pape ; après Berlin, Rome.

Après avoir vu triompher le glaive, voir triompher
la nuit !

La civilisation, cette lumière, peut être éteinte
par deux modes de submersion ; deux invasions lui
sont dangereuses, l'invasion des soldats et l'invasion
des prêtres.

L'une menace notre mère, la patrie ; l'autre
menace notre enfant, l'avenir.

III

Deux inviolabilités sont les deux plus précieux biens d'un peuple civilisé, l'inviolabilité du territoire et l'inviolabilité de la conscience.

Le soldat viole l'une, le prêtre viole l'autre.

Il faut rendre justice à tout, même au mal; le soldat croit bien faire, il obéit à sa consigne; le prêtre croit bien faire, il obéit à son dogme; les chefs seuls sont responsables. Il n'y a que deux coupables, César et Pierre; César qui tue, Pierre qui ment.

Le prêtre peut être de bonne foi; il croit avoir une vérité à lui, différente de la vérité universelle. Chaque religion a sa vérité, distincte de la vérité d'à côté; cette vérité ne sort pas de la nature, entachée de panthéisme aux yeux des prêtres; elle sort d'un livre. Ce livre varie. La vérité qui sort du Talmud est hostile à la vérité qui sort du Koran. Le rabbin croit autrement que le marabout, le fakir contemple un paradis que n'aperçoit pas le caloyer, et le Dieu visible au capucin est invisible au derviche. On me dira que le derviche en voit un autre; je l'accorde, et j'ajoute que c'est le même; Jupiter, c'est Jovis, qui est Jova, qui est Jehovah; ce qui n'empêche pas

Jupiter de foudroyer Jehovah, et Jehovah de damner Jupiter ; Fô excommunie Brahmâ, et Brahmâ anathématise Allah ; tous les dieux se revomissent les uns les autres ; toute religion dément la religion d'en face ; les clergés flottent dans tout cela, se haïssant, tous convaincus, à peu près ; il faut les plaindre et leur conseiller la fraternité. Leur pugilat est pardonnable. On croit ce qu'on peut, et non ce qu'on veut. Là est l'excuse de tous les clergés ; mais ce qui les excuse les limite. Qu'ils vivent, soit ; mais qu'ils n'empiètent pas. Le droit au fanatisme existe, à la condition de ne pas sortir de chez lui ; mais dès que le fanatisme se répand au dehors, dès qu'il devient véda, pentateuque ou syllabus, il veut être surveillé. La création s'offre à l'étude de l'homme ; le prêtre déteste cette étude et tient la création pour suspecte ; la vérité latente dont le prêtre dispose contredit la vérité patente que l'univers propose. De là un conflit entre la foi et la raison. De là, si le clergé est le plus fort, une voie de fait du fanatisme sur l'intelligence. S'emparer de l'éducation, saisir l'enfant, lui remanier l'esprit, lui repétrir le cerveau, tel est le procédé ; il est redoutable. Toutes les religions ont ce but : prendre de force l'âme humaine.

C'est à cette tentative de viol que la France est livrée aujourd'hui.

Essai de fécondation qui est une souillure. Faire à la France un faux avenir ; quoi de plus terrible !

L'intelligence nationale en péril, telle est la situation actuelle.

L'enseignement des mosquées, des synagogues et des presbytères, est le même; il a l'identité de l'affirmation dans la chimère; il substitue le dogme, cet empirique, à la conscience, cet avertisseur. Il fausse la notion divine innée; la candeur de la jeunesse est sans défense, il verse dans cette candeur l'imposture, et, si on le laisse faire, il en arrive à ce résultat de créer chez l'enfant une épouvantable bonne foi dans l'erreur.

Nous le répétons, le prêtre est ou peut être convaincu et sincère. Doit-on le blâmer? non. Doit-on le combattre? oui.

Discutons, soit.

Il y a une éducation à faire, le clergé le croit du moins, l'éducation de la civilisation; le clergé nous la demande. Il veut qu'on lui confie cet élève, le peuple français. La chose vaut la peine d'être examinée.

Le prêtre, comme maître d'école, travaille dans beaucoup de pays. Quelle éducation donne-t-il? Quels résultats obtient-il? Quels sont ses produits? là est toute la question.

Celui qui écrit ces lignes a dans l'esprit deux souvenirs; qu'on lui permette de les comparer, il en sortira peut-être quelque lumière. Dans tous les cas, il n'est jamais inutile d'écrire l'histoire.

IV

En 1848, dans les tragiques journées de juin, une des places de Paris fut brusquement envahie par les insurgés.

Cette place, ancienne, monumentale, sorte de forteresse carrée ayant pour muraille un quadrilatère de hautes maisons en brique et en pierre, avait pour garnison un bataillon commandé par un brave officier nommé Tombeur. Les redoutables insurgés de juin s'en emparèrent avec la rapidité irrésistible des foules combattantes.

Ici, très-brièvement, mais très-nettement, expliquons-nous sur le droit d'insurrection.

L'insurrection de juin avait-elle raison?

On serait tenté de répondre oui et non.

Oui, si l'on considère le but, qui était la réalisation de la République; non, si l'on considère le moyen, qui était le meurtre de la République.

L'insurrection de juin tuait ce qu'elle voulait sauver. Méprise fatale.

Ce contre-sens étonne, mais l'étonnement cesse si l'on considère que l'intrigue bonapartiste et l'intrigue légitimiste étaient mêlées à la sincère et formidable colère du peuple. L'histoire aujourd'hui le sait; et la double intrigue est démontrée par deux preuves, la lettre de Bonaparte à Rapatel, et le drapeau blanc de la rue Saint-Claude.

L'insurrection de juin faisait fausse route.

En monarchie, l'insurrection est un pas en avant; en république, c'est un pas en arrière.

L'insurrection n'est un droit qu'à la condition d'avoir devant elle la vraie révolte, qui est la monarchie. Un peuple se défend contre un homme; cela est juste.

Un roi, c'est une surcharge; tout d'un côté, rien de l'autre; faire contre-poids à cet homme excessif est nécessaire; l'insurrection n'est autre chose qu'un rétablissement d'équilibre.

La colère est de droit dans les choses équitables; renverser la Bastille est une action violente et sainte.

L'usurpation appelle la résistance; la République, c'est-à-dire la souveraineté de l'homme sur lui-même et sur lui seul, étant le principe social absolu, toute monarchie est une usurpation; fût-elle légalement proclamée; car il y a des cas, nous l'avons dit [1], où la loi est traître au droit. Ces rébellions de la loi doivent être réprimées, et ne peuvent l'être que par l'indignation du peuple. Royer-Collard disait : *Si vous faites cette loi, je jure de lui désobéir.*

1. Préface du tome 1er, *Avant l'exil.*

La monarchie ouvre le droit à l'insurrection.

La République le ferme.

En République, toute insurrection est coupable.

C'est la bataille des aveugles.

C'est l'assassinat du peuple par le peuple.

En monarchie, l'insurrection c'est la légitime défense; en République, l'insurrection c'est le suicide.

La République a le devoir de se défendre, même contre le peuple; car le peuple, c'est la République d'aujourd'hui, et la République, c'est le peuple d'aujourd'hui, d'hier et de demain.

Tels sont les principes.

Donc l'insurrection de juin 1848 avait tort.

Hélas! ce qui la fit terrible, c'est qu'elle était vénérable. Au fond de cette immense erreur, on sentait la souffrance du peuple. C'était la révolte des désespérés. La République avait un premier devoir, réprimer cette insurrection, et un deuxième devoir, l'amnistier. L'Assemblée nationale fit le premier devoir, et ne fit pas le second. Faute dont elle répondra devant l'histoire.

Nous avons dû en passant dire ces choses parce qu'elles sont vraies et que toutes les vérités doivent être dites, et parce qu'aux époques troublées il faut des idées claires; maintenant nous reprenons le récit commencé.

Ce fut par la maison n° 6 que les insurgés pénétrèrent dans la place dont nous avons parlé. Cette maison avait une cour qui, par une porte de derrière, communiquait avec une impasse donnant sur une des grandes rues de Paris. Le concierge, nommé Desmasières, ouvrit cette porte aux insurgés, qui, par là, se ruèrent dans la cour, puis dans la place. Leur chef était un ancien maître d'école destitué par M. Guizot. Il s'appelait Gobert, et il est mort depuis, proscrit, à Londres. Ces hommes firent irruption dans cette cour, orageux, menaçants, en haillons, quelques-uns pieds nus, armés des armes que le hasard donne à la fureur, piques, haches, marteaux, vieux sabres, mauvais fusils, avec tous les gestes inquiétants de la colère et du combat; ils avaient ce sombre regard des vainqueurs qui se sentent vaincus. En entrant dans la cour, un d'eux cria : « C'est ici la maison du pair de France! » Alors ce bruit se répandit dans toute la place chez les habitants effarés : *Ils vont piller le n° 6!*

Un des locataires du n° 6 était, en effet, un ancien pair de France qui était à cette époque membre de l'Assemblée constituante. Il était absent de la maison, et sa famille aussi. Son appartement, assez vaste, occupait tout le second étage, et avait à l'une de ses extrémités une entrée sur le grand escalier, et, à l'autre extrémité, une issue sur un escalier de service.

Cet ancien pair de France était en ce moment-là

même un des soixante représentants envoyés par la
Constituante pour réprimer l'insurrection, diriger les
colonnes d'attaque et maintenir l'autorité de l'Assemblée sur les généraux. Le jour où ces faits se pas-
saient, il faisait face à l'insurrection dans une des
rues voisines, secondé par son collègue et ami le
grand statuaire républicain David d'Angers.

— Montons chez lui! crièrent les insurgés.

Et la terreur fut au comble dans toute la maison.

Ils montèrent au second étage. Ils emplissaient
le grand escalier et la cour. Une vieille femme qui
gardait le logis en l'absence des maîtres leur ouvrit,
éperdue. Ils entrèrent pêle-mêle, leur chef en tête.
L'appartement, désert, avait le grave aspect d'un
lieu de travail et de rêverie.

Au moment de franchir le seuil, Gobert, le chef,
ôta sa casquette et dit :

— Tête nue !

Tous se découvrirent.

Une voix cria :

— Nous avons besoin d'armes.

Une autre ajouta :

— S'il y en a ici, nous les prendrons.

— Sans doute, dit le chef.

L'antichambre était une grande pièce sévère,
éclairée, à une encoignure, d'une étroite et longue
fenêtre, et meublée de coffres de bois le long des
murs, à l'ancienne mode espagnole.

Ils y pénétrèrent.

— En ordre ! dit le chef.

Ils se rangèrent trois par trois, avec toutes sortes de bourdonnements confus.

— Faisons silence, dit le chef.

Tous se turent.

Et le chef ajouta :

— S'il y a des armes, nous les prendrons.

La vieille femme, toute tremblante, les précédait.

Ils passèrent de l'antichambre à la salle à manger.

— Justement ! cria l'un d'eux.

— Quoi? dit le chef.

— Voici des armes.

Au mur de la salle à manger était appliquée, en effet, une sorte de panoplie en trophée.

Celui qui avait parlé reprit :

— Voici un fusil.

Et il désignait du doigt un ancien mousquet à rouet, d'une forme rare.

— C'est un objet d'art, dit le chef.

Un autre insurgé, en cheveux gris, éleva la voix :

— En 1830, nous en avons pris de ces fusils-là, au musée d'artillerie.

Le chef repartit :

— Le musée d'artillerie appartenait au peuple.

Ils laissèrent le fusil en place.

A côté du mousquet à rouet pendait un long yatagan turc dont la lame était d'acier de Damas, et dont la poignée et le fourreau, sauvagement sculptés, étaient en argent massif.

— Ah! par exemple, dit un insurgé, voilà une bonne arme. Je la prends. C'est un sabre.

— En argent! cria la foule.

Ce mot suffit. Personne n'y toucha.

Il y avait dans cette multitude beaucoup de chiffonniers du faubourg Saint-Antoine, pauvres hommes très-indigents.

Le salon faisait suite à la salle à manger. Ils y entrèrent.

Sur une table était jetée une tapisserie aux coins de laquelle on voyait les initiales du maître de la maison.

— Ah ça mais pourtant, dit un insurgé, il nous combat!

— Il fait son devoir, dit le chef.

L'insurgé reprit :

— Et alors, nous, qu'est-ce que nous faisons ?

Le chef répondit :

— Notre devoir aussi.

Et il ajouta :

— Nous défendons nos familles; il défend la patrie.

Des témoins, qui sont vivants encore, ont entendu ces calmes et grandes paroles.

L'envahissement continua, si l'on peut appeler envahissement le lent défilé d'une foule silencieuse. Toutes les chambres furent visitées l'une après l'autre. Pas un meuble ne fut remué, si ce n'est un berceau. La maîtresse de la maison avait eu la superstition maternelle de conserver à côté de son lit le berceau de son dernier enfant. Un des plus farouches de ces déguenillés s'approcha et poussa doucement le berceau, qui sembla pendant quelques instants balancer un enfant endormi.

Et cette foule s'arrêta et regarda ce bercement avec un sourire.

A l'extrémité de l'appartement était le cabinet du maître de la maison, ayant une issue sur l'escalier de service. De chambre en chambre ils y arrivèrent.

Le chef fit ouvrir l'issue, car, derrière les premiers arrivés, la légion des combattants maîtres de la place encombrait tout l'appartement, et il était impossible de revenir sur ses pas.

Le cabinet avait l'aspect d'une chambre d'étude d'où l'on sort et où l'on va rentrer. Tout y était épars, dans le tranquille désordre du travail commencé. Personne, excepté le maître de la maison, ne pénétrait dans ce cabinet; de là une confiance absolue. Il y avait deux tables, toutes deux couvertes des instruments de travail de l'écrivain. Tout y était mêlé, papiers et livres, lettres décachetées, vers, prose, feuilles volantes, manuscrits ébauchés. Sur l'une des tables étaient rangés quelques objets précieux; entre autres la boussole de Christophe Colomb, portant la date 1489 et l'inscription *la Pinta*.

Le chef, Gobert, s'approcha, prit cette boussole, l'examina curieusement, et la reposa sur la table en disant :

— Ceci est unique. Cette boussole a découvert l'Amérique.

A côté de cette boussole, on voyait plusieurs bijoux, des cachets de luxe, un en cristal de roche, deux en argent, et un en or, joyau ciselé par le merveilleux artiste Froment-Meurice.

L'autre table était haute, le maître de la maison ayant l'habitude d'écrire debout.

Sur cette table étaient les plus récentes pages de son œuvre interrompue[1], et sur ces pages était jetée une grande feuille dépliée chargée de signatures. Cette feuille était une pétition des marins du Havre, demandant la révision des pénalités, et expliquant les insubordinations d'équipages par les cruautés et les iniquités du code maritime. En marge de la pétition étaient écrites ces lignes de la main du pair de France représentant du peuple : « Appuyer cette pétition. Si l'on venait en aide à ceux qui souffrent, si l'on allait au-devant des réclamations légitimes, si

1. *Les Misérables.*

l'on rendait au peuple ce qui est dû au peuple, en un mot, si l'on était juste, on serait dispensé du douloureux devoir de réprimer les insurrections. »

Ce défilé dura près d'une heure. Toutes les misères et toutes les colères passèrent là, en silence. Ils entraient par une porte et sortaient par l'autre. On entendait au loin le canon.

Tous s'en retournèrent au combat.

Quand ils furent partis, quand l'appartement fut vide, on constata que ces pieds nus n'avaient rien insulté et que ces mains noires de poudre n'avaient touché à rien. Pas un objet précieux ne manquait, pas un papier n'avait été dérangé. Une seule chose avait disparu, la pétition des marins du Havre [1].

Vingt ans après, le 27 mai 1871, voici ce qui se passait dans une autre grande place; non plus à Paris, mais à Bruxelles, non plus le jour, mais la nuit.

Un homme, un aïeul, avec une jeune mère et deux petits enfants, habitait la maison numéro 3 de cette place, dite place des Barricades; c'était le même qui avait habité le numéro 6 de la place Royale à Paris; seulement il n'était plus qualifié « ancien pair de France », mais « ancien proscrit »; promotion due au devoir accompli.

---

1. Cette disparition s'est expliquée depuis. Le chef, Gobert, avait emporté cette pétition annotée comme on vient de le voir, afin de montrer aux combattants à quel point l'habitant de cette maison, tout en faisant contre l'insurrection sa mission de représentant, était un ami vrai du peuple.

Cet homme était en deuil. Il venait de perdre son fils. Bruxelles le connaissait pour le voir passer dans les rues, toujours seul, la tête penchée, fantôme noir en cheveux blancs.

Il avait pour logis, nous venons de le dire, le numéro 3 de la place des Barricades.

Il occupait, avec sa famille, et trois servantes, toute la maison.

Sa chambre à coucher, qui était aussi son cabinet de travail, était au premier étage et avait une fenêtre sur la place ; au-dessous, au rez-de-chaussée, était le salon, ayant de même une fenêtre sur la place ; le reste de la maison se composait des appartements des femmes et des enfants. Les étages étaient fort élevés ; la porte de la maison était contiguë à la grande fenêtre du rez-de-chaussée. De cette porte un couloir menait à un petit jardin entouré de hautes murailles au delà duquel était un deuxième corps de logis, inhabité à cette époque à cause des vides qui s'étaient faits dans la famille.

La maison n'avait qu'une entrée et qu'une issue, la porte sur la place.

Les deux berceaux des petits enfants étaient près du lit de la jeune mère, dans la chambre du second étage donnant sur la place, au-dessus de l'appartement de l'aïeul.

Cet homme était de ceux qui ont l'âme habituellement sereine. Ce jour-là, le 27 mai, cette sérénité était encore augmentée en lui par la pensée d'une chose fraternelle qu'il avait faite le matin même. L'année 1871, on s'en souvient, a été une des plus fatales de l'histoire; on était dans un moment lugubre. Paris venait d'être violé deux fois ; d'abord par le parricide, la guerre de l'étranger contre la France, ensuite par le fratricide, la guerre des Français contre les Français. Pour l'instant la lutte avait cessé ; l'un des deux partis avait écrasé l'autre ; on ne se donnait plus de coups de couteau, mais les plaies restaient ouvertes ; et à la bataille avait succédé cette paix affreuse et gisante que font les cadavres à terre et les flaques de sang figé.

Il y avait des vainqueurs et des vaincus; c'est-à-dire d'un côté nulle clémence, de l'autre nul espoir.

Un unanime *væ victis* retentissait dans toute l'Europe. Tout ce qui se passait pouvait se résumer d'un mot ; une immense absence de pitié. Les furieux tuaient, les violents applaudissaient, les morts et les lâches se taisaient. Les gouvernements étrangers étaient complices de deux façons ; les gouvernements traîtres souriaient, les gouvernements abjects fermaient aux vaincus leur frontière. Le gouvernement catholique belge était un de ces derniers. Il avait, dès le 26 mai, pris des précautions contre toute bonne action; et il avait honteusement et majestueusement annoncé dans les deux Chambres que les fugitifs de Paris étaient au ban des nations, et que, lui gouvernement belge, il leur refusait asile.

Ce que voyant, l'habitant solitaire de la place des Barricades avait décidé que cet asile, refusé par les gouvernements à des vaincus, leur serait offert par un exilé.

Et par une lettre rendue publique le 27 mai , il avait déclaré que, puisque toutes les portes étaient fermées aux fugitifs, sa maison à lui leur était ouverte, qu'ils pouvaient s'y présenter, et qu'ils y seraient les bienvenus, qu'il leur offrait toute la quantité d'inviolabilité qu'il pouvait avoir lui-même, qu'une fois entrés chez lui personne ne les toucherait sans commencer par lui, qu'il associait son sort au leur, et qu'il entendait ou être en danger avec eux, ou qu'ils fussent en sûreté avec lui.

Cela fait, le soir venu, après sa journée ordinaire de promenade solitaire, de rêverie et de travail, il rentra dans sa maison. Tout le monde était déjà couché dans le logis. Il monta au deuxième étage, et écouta à travers une porte la respiration égale des petits enfants. Puis il redescendit au premier dans sa chambre, il s'accouda quelques instants à sa croisée, songeant aux vaincus, aux accablés, aux désespérés, aux suppliants, aux choses violentes que font les hommes, et contemplant la céleste douceur de la nuit.

Puis il ferma sa fenêtre, écrivit quelques mots, quelques vers, se déshabilla rêveur, envoya encore une pensée de pitié aux vainqueurs aussi bien qu'aux vaincus, et, en paix avec Dieu, il s'endormit.

Il fut brusquement réveillé. A travers les profonds rêves du premier sommeil, il entendit un coup de sonnette; il se dressa. Après quelques secondes d'attente, il pensa que c'était quelqu'un qui se trompait de porte; peut-être même ce coup de sonnette était-il imaginaire; il y a de ces bruits dans les rêves; il remit sa tête sur l'oreiller.

Une veilleuse éclairait la chambre.

Au moment où il se rendormait, il y eut un second coup de sonnette, très-opiniâtre et très-prolongé. Cette fois il ne pouvait douter; il se leva, mit un pantalon à pied, des pantoufles et une robe de chambre, alla à la fenêtre et l'ouvrit.

La place était obscure, il avait encore dans les yeux le trouble du sommeil, il ne vit rien que de l'ombre; il se pencha sur cette ombre et demanda : Qui est là?

Une voix très-basse, mais très-distincte, répondit : Dombrowski.

Dombrowski était le nom d'un des vaincus de Paris. Les journaux annonçaient, les uns qu'il avait été fusillé, les autres qu'il était en fuite.

L'homme que la sonnette avait réveillé pensa que ce fugitif était là, qu'il avait lu sa lettre publiée le matin, et qu'il venait lui demander asile. Il se pencha un peu, et aperçut en effet, dans la brume nocturne, au-dessous de lui, près de la porte de la maison, un homme de petite taille, aux larges épaules, qui ôtait son chapeau et le saluait. Il n'hésita pas, et se dit : Je vais descendre et lui ouvrir.

Comme il se redressait pour fermer la fenêtre, une grosse pierre, violemment lancée, frappa le mur à côté de sa tête. Surpris, il regarda. Un fourmillement de vagues formes humaines, qu'il n'avait pas remarqué d'abord, emplissait le fond de la place. Alors il comprit. Il se souvint que la veille, on lui avait dit : Ne publiez pas cette lettre, sinon vous serez assassiné. Une seconde pierre, mieux ajustée, brisa la vitre au-dessus de son front, et le couvrit d'éclats de verre, dont aucun ne le blessa. C'était un deuxième renseignement sur ce qui allait être fait ou essayé. Il se pencha sur la place, le fourmillement d'ombres s'était rapproché et était massé sous sa fenêtre; il dit d'une voix haute à cette foule : *Vous êtes des misérables !*

Et il referma la croisée.

Alors des cris frénétiques s'élevèrent : *A mort ! A la potence ! A la lanterne ! A mort le brigand !*

Il comprit que « le brigand » c'était lui.

Pensant que cette heure pouvait être pour lui la dernière, il regarda sa montre. Il était minuit et demi.

Abrégeons. Il y eut un assaut furieux. On en verra

le détail dans ce livre. Qu'on se figure cette douce
maison endormie, et ce réveil épouvanté. Les femmes
se levèrent en sursaut, les enfants eurent peur, les
pierres pleuvaient, le fracas des vitres et des glaces
brisées était inexprimable. On entendait ce cri :
A mort! A mort! Cet assaut eut trois reprises et dura
sept quarts d'heure, de minuit et demi à deux heures
un quart. Plus de cinq cents pierres furent lancées
dans la chambre; une grêle de cailloux s'abattit
sur le lit, point de mire de cette lapidation. La
grande fenêtre fut défoncée; les barreaux du
soupirail du couloir d'entrée furent tordus; quant à
la chambre, murs, plafond, parquet, meubles, cris-
taux, porcelaines, rideaux arrachés par les pierres,
qu'on se représente un lieu mitraillé. L'escalade fut
tentée trois fois, et l'on entendit des voix crier: Une
échelle! L'effraction fut essayée, mais ne put dislo-
quer la doublure de fer des volets du rez-de-chaussée. On s'efforça de crocheter la porte; il y eut un
gros verrou qui résista. L'un des enfants, la petite
fille, était malade; elle pleurait, l'aïeul l'avait prise
dans ses bras; une pierre lancée à l'aïeul passa près
de la tête de l'enfant. Les femmes étaient en prière;
la jeune mère, vaillante, montée sur le vitrage d'une
serre, appelait au secours; mais autour de la maison
en danger la surdité était profonde, surdité de terreur, de complicité peut-être. Les femmes avaient fini
par remettre dans leurs berceaux les deux enfants

effrayés, et l'aïeul, assis près d'eux, tenait leurs mains dans ses deux mains; l'aîné, le petit garçon, qui se souvenait du siége de Paris, disait à demi-voix, en écoutant le tumulte sauvage de l'attaque : *C'est des Prussiens.* Pendant deux heures les cris de mort allèrent grossissant, une foule effrénée s'amassait dans la place. Enfin il n'y eut plus qu'une seule clameur : *Enfonçons la porte !*

Peu après que cé cri fut poussé, dans une rue voisine, deux hommes, portant une longue poutre propre à battre les portes des maisons assiégées, se dirigeaient vers la place des Barricades, vaguement entrevus comme dans un crépuscule de la Forêt-Noire.

Mais en même temps que la poutre, le soleil arrivait; le jour se leva. Le jour est un trop grand regard pour de certaines actions; la bande se dispersa. Ces fuites d'oiseaux de nuit font partie de l'aurore.

V

Quel est le but de ce double récit ? le voici : mettre en regard deux façons différentes d'agir, résultant de deux éducations différentes.

Voilà deux foules : l'une qui envahit la maison

nº 6 de la place Royale, à Paris ; l'autre qui assiége la maison nº 3 de la place des Barricades, à Bruxelles ; laquelle de ces deux foules est la populace ?

De ces deux multitudes, laquelle est la vile ?

Examinons-les.

L'une est en guenilles ; elle est sordide, poudreuse, délabrée, hagarde ; elle sort d'on ne sait quels logis qui, si l'on pense aux bêtes craintives, font songer aux tanières, et, si l'on pense aux bêtes féroces, font songer aux repaires ; c'est la houle de la tempête humaine ; c'est le reflux trouble et indistinct du bas-fond populaire ; c'est la tragique apparition des faces livides ; cela apporte l'inconnu. Ces hommes sont ceux qui ont froid et qui ont faim. Quand ils travaillent, ils vivent à peu près ; quand ils chôment, ils meurent presque ; quand l'ouvrage manque, ils rêvent accroupis dans des trous avec ce que Joseph de Maistre appelle leurs femelles et leurs petits, ils entendent des voix faibles et douces crier : Père, du pain ! ils habitent une ombre peu distincte de l'ombre pénale ; quand leur fourmillement, aux heures fatales comme juin 1848, se répand hors de cette ombre, un éclair, le sombre éclair social, sort de leur cohue ; ayant tous les besoins, ils ont presque droit à tous les appétits ; ayant toutes les souffrances, ils ont presque droit à toutes les colères. Bras nus, pieds nus. C'est le tas des misérables.

L'autre multitude, vue de près, est élégante et

opulente; c'est minuit, heure d'amusement; ces hommes sortent des salons où l'on chante, des cafés où l'on soupe, des théâtres où l'on rit; ils sont bien nés, à ce qu'il paraît, et bien mis; quelques-uns ont à leur bras de charmantes femmes, curieuses de voir des exploits. Ils sont parés comme pour une fête; ils ont tous les nécessaires, c'est-à-dire toutes les joies, et tous les superflus, c'est-à-dire toutes les vanités; l'été ils chassent, l'hiver ils dansent; ils sont jeunes et, grâce à ce bel âge, ils n'ont pas encore ce commencement d'ennui qui est l'achèvement des plaisirs. Tout les flatte, tout les caresse, tout leur sourit; rien ne leur manque. C'est le groupe des heureux.

En quoi, à l'heure où nous les observons, ces deux foules, les misérables et les heureux, se ressemblent-elles? en ce qu'elles sont l'une et l'autre pleines de colère.

Les misérables ont en eux la sourde rancune sociale; les souffrants finissent par être les indignés; ils ont toutes les privations, les autres ont toutes les jouissances; les souffrants ont sur eux toutes ces sangsues, les parasitismes; cette succion les épuise; la misère est une fièvre; de là ces aveugles accès de fureur qui, en haine de la loi passagère, blessent le droit éternel. Une heure vient où ceux qui ont raison peuvent se donner tort. Ces affamés, ces déguenillés, ces déshérités, deviennent brusquement tumultueux;

Ils crient : Guerre ! ils prennent tout ce qui leur tombe sous la main, le fusil, la hache, la pique ; ils se jettent sur ce qui est devant eux, sur l'obstacle, quel qu'il soit ; c'est la République, tant pis ! ils sont éperdus ; ils réclament leur droit au travail, déterminés à vivre et résolus à mourir. Ils sont exaspérés et désespérés, et ils ont en eux l'outrance farouche de la bataille. Une maison se présente ; ils l'envahissent ; c'est la maison d'un homme que la violente langue du moment appelle « un aristocrate ». C'est la maison d'un homme qui en cet instant-là même leur résiste et leur tient tête ; ils sont les maîtres ; que vont-ils faire ? saccager la maison de cet homme ? Une voix leur crie : Cet homme fait son devoir ! ils s'arrêtent, se taisent, se découvrent, et passent.

Après l'émeute des pauvres, voici l'émeute des riches. Ceux-ci aussi sont furieux. Contre un ennemi ? non. Contre un combattant ? non. Ils sont furieux contre une bonne action ; action toute simple sans aucun doute, mais évidemment juste et honnête. Tellement simple cependant que, sans leur colère, ce ne serait pas la peine d'en parler. Cette chose juste a été commise le matin même. Un homme a osé être fraternel ; dans un moment qui fait songer aux autodafés et aux dragonnades, il a pensé à l'évangile du bon Samaritain ; dans un instant où l'on semble ne se souvenir que de Torquemada, il a osé se souvenir de Jésus-Christ ; il a élevé la voix pour dire une chose clémente et humaine ; il a entre-bâillé une porte de refuge à côté de la porte toute grande ouverte du sépulcre, une porte blanche à côté de la porte noire ; il n'a pas voulu qu'il fût dit que pas un cœur n'était miséricordieux pour ceux qui saignent, que pas un foyer n'était hospitalier pour ceux qui tombent ; à l'heure où l'on achève les mourants, il s'est fait ramasseur de blessés ; cet homme de 1871, qui est le même que l'homme de 1848, pense qu'il faut combattre les insurrections debout et les amnistier tombées ; c'est pourquoi il a commis ce crime, ouvrir sa maison aux vaincus, offrir un asile aux fugitifs. De là l'exaspération des vainqueurs. Qui défend les malheureux indigne les heureux. Ce forfait doit être châtié. Et sur l'humble maison solitaire où il y a deux berceaux une foule s'est ruée, criant tous les cris du meurtre, et ayant l'ignorance dans le cerveau, la haine au cœur, et aux mains des pierres, de la boue et des gants blancs.

L'assaut a manqué, point par la faute des assiégeants. Si la porte n'a pas été enfoncée, c'est que la poutre est arrivée trop tard ; si un enfant n'a pas été tué, c'est que la pierre n'a point passé assez près ; si l'homme n'a pas été massacré, c'est que le soleil s'est levé.

Le soleil a été le trouble-fête.

Concluons.

Laquelle de ces deux foules est la populace?
Entre ces deux multitudes, les misérables de Paris
et les heureux de Bruxelles, quels sont les misérables?

Ce sont les heureux.

Et l'homme de la place des Barricades avait raison de leur jeter ce mot méprisant au moment où
l'assaut commençait.

Maintenant, entre ces deux sortes d'hommes,
ceux de Paris et ceux de Bruxelles, quelle diffé-
rence y a-t-il?

Une seule.

L'éducation.

Les hommes sont égaux au berceau. A un cer-
tain point de vue intellectuel, il y a des exceptions,
mais des exceptions qui confirment la règle. Hors de
là, un enfant vaut un enfant. Ce qui, de tous ces
enfants égaux, fait plus tard des hommes différents,
c'est la nourriture. Il y a deux nourritures; la première, qui est bonne, c'est le lait de la mère; la
deuxième, qui peut être mauvaise, c'est l'enseignement du maître.

De là, la nécessité de surveiller cet enseignement.

VI

On pourrait dire que dans notre siècle il y a deux écoles; ces deux écoles condensent et résument en elles les deux courants contraires qui entraînent la civilisation en sens inverse, l'un vers l'avenir, l'autre vers le passé; la première de ces deux écoles s'appelle Paris, l'autre s'appelle Rome. Chacune de ces deux écoles a son livre; le livre de Paris, c'est la Déclaration des Droits de l'Homme ; le livre de Rome, c'est le Syllabus. Ces deux livres donnent la réplique au Progrès. Le premier lui dit Oui; le second lui dit Non.

Le progrès, c'est le pas de Dieu.

Les révolutions, bien qu'elles aient parfois l'allure de l'ouragan, sont voulues d'en haut.

Aucun vent ne souffle que de la bouche divine.

Paris, c'est Montaigne, Rabelais, Pascal, Corneille, Molière, Montesquieu, Diderot, Rousseau, Voltaire, Mirabeau, Danton.

Rome, c'est Innocent III, Pie V, Alexandre VI, Urbain VIII, Arbuez, Cisneros, Lainez, Grillandus, Ignace.

Nous venons d'indiquer les écoles. A présent voyons les élèves. Confrontons.

Regardez ces hommes, ils sont, j'y insiste, ceux qui n'ont rien ; ils portent tout le poids de la société humaine ; un jour ils perdent patience ; sombre révolte des cariatides ; ils s'insurgent, ils se tordent sous le fardeau, ils livrent bataille. Tout à coup, dans la fauve ivresse du combat, une occasion d'être injustes se présente ; ils s'arrêtent court ; ils ont en eux ce grand instinct, la révolution, et cette grande lumière, la vérité ; ils ne savent pas être en colère au delà de l'équité ; et ils donnent au monde civilisé ce spectacle sublime qu'étant les accablés, ils sont les modérés, et qu'étant les malheureux, ils sont les bons.

Regardez ces autres hommes ; ils sont ceux qui ont tout. Les autres sont en bas, eux ils sont en haut. Une occasion se présente d'être lâches et féroces. Ils s'y précipitent. Leur chef est le fils d'un ministre ; leur autre chef est le fils d'un sénateur ; il y a un prince parmi eux. Ils s'engagent dans un crime, et ils y vont aussi avant que la brièveté de la nuit le leur permet. Ce n'est pas leur faute s'ils ne réussissent qu'à être des bandits, ayant rêvé d'être des assassins.

Qui a fait les premiers ? Paris.

Qui a fait les seconds ? Rome.

Et, je le répète, avant l'enseignement, ils se valaient. Enfants riches et enfants pauvres, ils étaient dans l'aurore les mêmes têtes blondes et roses; ils avaient le même bon sourire; ils étaient cette chose sacrée, les enfants; par la faiblesse presque aussi petits que la mouche, par l'innocence presque aussi grands que Dieu.

Et les voilà changés, maintenant qu'ils sont hommes; les uns sont doux, les autres sont barbares. Pourquoi? c'est que leur âme s'est ouverte, c'est que leur esprit s'est saturé d'influences, dans des milieux différents; les uns ont respiré Paris, les autres ont respiré-Rome.

L'air qu'on respire, tout est là. C'est de cela que l'homme dépend. L'enfant de Paris, même inconscient, même ignorant, car, jusqu'au jour où l'instruction-obligatoire existera, il a sur lui une ignorance voulue d'en haut, l'enfant de Paris respire, sans s'en douter et sans s'en apercevoir, une atmosphère qui le fait probe et équitable. Dans cette atmosphère il y a toute notre histoire; les dates mémorables, les belles actions et les belles œuvres, les héros, les poëtes, les orateurs, *le Cid*, *Tartuffe*, *le Dictionnaire philosophique*, *l'Encyclopédie*, la tolérance, la fraternité, la logique, l'idéal littéraire, l'idéal social, la grande âme de la France. Dans l'atmosphère de Rome il y a l'inquisition, l'index, la censure, la torture, l'infaillibilité d'un homme substituée à la droiture de Dieu, la science niée, l'enfer éternel affirmé, la fumée des encensoirs compliquée de la cendre des bûchers. Ce que Paris fait, c'est le peuple ; ce que Rome fait, c'est de la populace. Le jour où le fanatisme réussirait à rendre Rome respirable à la civilisation, tout serait perdu ; l'humanité entrerait dans de l'ombre.

C'est Rome qu'on respire à Bruxelles. Les hommes qu'on vient de voir travailler place des Barricades sont des disciples du Quirinal ; ils sont tellement catholiques qu'ils ne sont plus chrétiens. Ils sont très-forts ; ils sont devenus merveilleusement reptiles et tortueux ; ils savent le double itinéraire de Mandrin et d'Escobar ; ils ont étudié toutes les choses nocturnes, les procédés du banditisme et les doctrines de l'encyclique ; ce serait des chauffeurs si ce n'était des jésuites ; ils attaquent avec perfection une maison endormie ; ils utilisent ce talent au service de la religion ; ils défendent la société à la façon des voleurs de grand chemin ; ils complètent l'oraison jaculatoire par l'effraction et l'escalade ; ils glissent du bigotisme au brigandage ; et ils démontrent combien il est aisé aux élèves de Loyola d'être les plagiaires de Schinderhannes.

Ici une question.

Est-ce que ces hommes sont méchants ?

Non.

Que sont-ils donc ?

Imbéciles.

Être féroce n'est point difficile ; pour cela l'imbécillité suffit.

Sont-ils donc nés imbéciles?

Point.

On les a faits; nous venons de le dire.

Abrutir est un art.

Les prêtres des divers cultes appellent cet art Liberté d'enseignement.

Ils n'y mettent aucune mauvaise intention, ayant eux-mêmes été soumis à la mutilation d'intelligence qu'ils voudraient pratiquer après l'avoir subie.

Le castrat faisant l'éunuque, cela s'appelle l'Enseignement libre.

Cette opération serait tentée sur nos enfants, s'il était donné suite à la loi d'ailleurs peu viable qu'a votée l'Assemblée défunte.

Le double récit qu'on vient de lire est une simple note en marge de cette loi.

VII

Qui dit éducation dit gouvernement ; enseigner, c'est régner ; le cerveau humain est une sorte de cire terrible qui prend l'empreinte du bien ou du mal selon qu'un idéal le touche ou qu'une griffe le saisit.

L'éducation par le clergé, c'est le gouvernement par le clergé. Ce genre de gouvernement est jugé.

C'est lui qui sur la cime auguste de la glorieuse Espagne a mis cet effroyable autel de Moloch, le quemadero de Séville. C'est lui qui a superposé à la Rome romaine la Rome papale, monstrueux étouffement de Caton sous Borgia.

La dialectique a une double loi : voir de haut et serrer de près. Les gouvernements-prêtres ne résistent à aucune de ces deux formes du raisonnement ; de près, on voit leurs défauts ; de haut, on voit leurs crimes.

La griffe est sur l'homme et la patte est sur l'enfant. L'histoire faite par Torquemada est racontée par Loriquet.

Sommet, le despotisme ; base, l'ignorance.

VIII

Rome a beaucoup de bras. C'est l'antique hécatonchire. On a cru cette bête fabuleuse jusqu'au jour où la pieuvre est apparue dans l'océan et la papauté dans le moyen âge. La papauté s'est d'abord appelée Grégoire VII, et elle a fait esclaves les rois ; puis elle s'est appelée Pie V, et elle a fait prisonniers les peuples ; la Révolution française lui a fait lâcher prise ; la grande épée républicaine a coupé toutes ces ligatures vivantes enroulées autour de l'âme humaine, et a délivré le monde de ces nœuds malsains, *arctis nodis relligionum*, dit Lucrèce ; mais les tentacules ont repoussé, et aujourd'hui voilà que de nouveau les cent bras de Rome sortent des profondeurs, et s'allongent vers les agrès frissonnants du navire en marche, saisissement redoutable qui pourrait faire sombrer la civilisation.

A cette heure, Rome tient la Belgique ; mais qui n'a pas la France n'a rien. Rome voudrait tenir la France. Nous assistons à ce sinistre effort.

Paris et Rome sont aux prises.

Rome nous veut.

Les ténèbres gonflent toutes leurs forces autour de nous.

C'est l'épouvantable rut de l'abîme.

IX

Autour de nous se dresse toute la puissance multiple qui peut sortir du passé, l'esprit de monarchie, l'esprit de superstition, l'esprit de caserne et de couvent, l'habileté des menteurs, et l'effarement de ceux qui ne comprennent pas. Nous avons contre nous la témérité, la hardiesse, l'effronterie, l'audace, et la peur.

Nous n'avons pour nous que la lumière.

C'est pourquoi nous vaincrons.

Si étrange que semble le moment présent, quelque mauvaise apparence qu'il ait, aucune âme sérieuse ne doit désespérer. Les surfaces sont ce qu'elles sont, mais il y a une loi morale dans la destinée, et les courants sous-marins existent. Pendant que le flot s'agite, eux, ils travaillent. On ne les voit pas, mais ce qu'ils font finit toujours par sortir tout à coup de l'ombre; l'inaperçu construit l'imprévu. Sachons comprendre l'inattendu de l'histoire. C'est au moment où le mal croit triompher qu'il s'effondre; son entassement fait son écroulement.

Tous les événements récents, dans leurs grands comme dans leurs petits détails, sont pleins de ces surprises. En veut-on un exemple? en voici un :

Si c'est une digression, qu'on nous la permette ; car elle va au but.

X

Les Assemblées ont un meuble qu'on appelle la tribune. Quand les Assemblées seront ce qu'elles doivent être, la tribune sera en marbre blanc, comme il sied au trépied de la pensée et à l'autel de la conscience, et il y aura des Phidias et des Michel-Ange pour la sculpter. En attendant que la tribune soit en marbre, elle est en bois, et en attendant qu'elle soit

un trépied et un autel, elle est, nous venons de le
dire, un meuble. C'est moins encombrant pour les
coups d'État ; un meuble, cela se met au grenier.
Cela en sort aussi. La tribune actuelle du Sénat a eu
cette aventure.

Elle est en bois ; pas même en chêne ; en acajou, avec pilastres et cuivres dorés, à la mode du
Directoire, et au lieu de Michel-Ange et de Phidias
elle a eu pour sculpteur Ravrio. Elle est vieille,
quoiqu'elle semble neuve. Elle n'est pas vierge.
Elle a été la tribune du conseil des Anciens, et elle
a vu l'entrée factieuse des grenadiers de Bonaparte.
Puis, elle a été la tribune du Sénat de l'empire. Elle
l'a été deux fois ; d'abord après le 18 Brumaire,
ensuite après le 2 Décembre. Elle a subi le défilé des
éloquences des deux empires ; elle a vu se dresser
au-dessus d'elle ces hautes et inflexibles consciences,
d'abord l'inaccessible Cambacérès, puis l'infranchis-
sable Troplong ; elle a vu succéder la chasteté de
Baroche à la pudeur de Fouché ; elle a été le lieu où
l'on a pu, à cinquante ans d'intervalle, comparer à
ces fiers sénateurs, les Siéyès et les Fontanes, ces
autres sénateurs non moins altiers, les Mérimée et les
Sainte-Beuve. Sur elle ont rayonné Suin, Fould,
Delangle, Espinasse, M. Nisard.

Elle a eu devant elle un banc d'évêques dont
aurait pu être Talleyrand, et un banc de généraux
dont a été Bazaine. Elle a vu le premier empire

commencer par l'illusion d'Austerlitz, et le deuxième empire s'achever par le réveil du démembrement. Elle a possédé Fialin, Vieillard, Pélissier, Saint-Arnaud, Dupin. Aucune illustration ne lui a été épargnée. Elle a assisté à des glorifications inouïes, à la célébration de Puebla, à l'hosanna de Sadowa, à l'apothéose de Mentana. Elle a entendu des personnages compétents affirmer qu'on sauvait la société, la famille et la religion en mitraillant les promeneurs sur le boulevard. Elle a eu tel homme que la légion d'honneur n'a plus. Elle a, pour nous borner au dernier empire, été, pendant dix-neuf ans, illuminée par la pléiade de toutes les hontes ; elle a entendu une sorte de long cantique, psalmodié par les dévots athées aussi bien que par les dévots catholiques, en l'honneur du parjure, du guet-apens et de la trahison ; pas une lâcheté ne lui a manqué ; pas une platitude ne lui a fait défaut ; elle a eu l'inviolabilité officielle ; elle a été si parfaitement auguste qu'elle en a profité pour être complétement immonde ; elle a entendu on ne sait qui confier l'épée de la France à un aventurier pour on ne sait quoi, qui était Sedan ; cette tribune a eu un tressaillement de gloire et de joie à l'approche des catastrophes ; ce morceau de bois d'acajou a été quelque chose comme le proche parent du trône impérial, qui du reste, on le sait, et l'on a l'aveu de Napoléon, n'était que sapin ; les autres tribunes sont faites pour parler,

celle-ci avait été faite pour être muet; car c'est être
muet que de taire aux peuples le devoir, le droit,
l'honneur, l'équité. Eh bien! un jour est venu où
cettre tribune a brusquement pris la parole, pour
dire quoi? la réalité.

Oui, et c'est là une de ces surprises que nous fait
la logique profonde des événements, un jour on s'est
aperçu que cette tribune, successivement occupée par
toutes les corruptions adorant l'iniquité et par toutes
les complicités soutenant le crime, était faite pour
que la justice montât dessus; à une certaine heure,
le 22 mai 1876, un passant, le premier venu, n'importe qui, — mais n'importe qui, c'est l'histoire, —
a mis le pied sur cette chose qui n'avait encore servi
qu'à l'empire, et ce passant a délié la langue des
faits; il a employé ce sommet de la gloire impériale
à pilorier César; sur la tribune même où avait été
chanté le Tedeum pour le crime, il a donné à ce Tedeum le démenti de la conscience humaine, et, in-
sistons-y, c'est là l'inattendu de l'histoire, du haut
de ce piédestal du mensonge, la vérité a parlé.

Les deux empires avaient pourtant triomphé
bien longtemps. Et quant au dernier, il s'était déclaré providentiel, qui est l'à peu près d'éternel.

Que ceci fasse réfléchir les conspirateurs actuels
du despotisme. Quand César est mort, Pierre est
malade.

XI

Paris vaincra Rome.

Toute la question humaine est aujourd'hui dans ces trois mots.

Rome ira décroissant et Paris ira grandissant.

Nous ne parlons pas ici des deux cités, qui sont toutes deux également augustes, mais des deux principes; Rome signifiant la foi et Paris la raison.

L'âme de la vieille Rome est aujourd'hui dans Paris; c'est Paris qui a le Capitole; Rome n'a plus que le Vatican.

On peut dire de Paris qu'il a des vertus de chevalier; il est sans peur et sans reproche. Sans peur, il le prouve devant l'ennemi; sans reproche, il le prouve devant l'histoire. Il a eu parfois la colère; est-ce que le ciel n'a pas le vent? Comme les grands vents, les colères de Paris sont assainissantes. Après le 14 juillet, il n'y a plus de Bastille; après le 10 août, il n'y a plus de royauté. Orages justifiés par l'élargissement de l'azur.

De certaines violences ne sont pas le fait de Paris. L'histoire constatera, par exemple, que ce qu'on reproche au 18 Mars n'est pas imputable au peuple de Paris; il y a là une sombre culpabilité partageable entre plusieurs hommes; et l'histoire aura à juger de quel côté a été la provocation, et de quelle nature a été la répression. Attendons la sentence de l'histoire.

En attendant, tous, qui que nous soyons, nous avons des obligations austères; ne les oublions pas.

L'homme a en lui Dieu, c'est-à-dire la conscience; le catholicisme retire à l'homme la conscience, et lui met dans l'âme le prêtre à la place de Dieu; c'est là le travail du confessionnal; le dogme, nous l'avons dit, se substitue à la raison; il en résulte ectte profonde servitude, croire l'absurde; *credo quia absurdum.*

Le catholicisme fait l'homme esclave, la philosophie le fait libre.

De là de plus grands devoirs.

Les dogmes sont ou des lisières ou des béquilles. Le catholicisme traite l'homme tantôt en enfant, tantôt en vieillard. Pour la philosophie l'homme est un homme. L'éclairer c'est le délivrer. Le délivrer du faux, c'est l'assujettir au vrai.

Disons les vérités sévères.

XII

Tout ce qui augmente la liberté augmente la responsabilité. Être libre, rien n'est plus grave; la liberté est pesante, et toutes les chaînes qu'elle ôte au corps, elle les ajoute à la conscience; dans la conscience, le droit se retourne et devient devoir. Prenons garde à ce que nous faisons; nous vivons dans des temps exigeants. Nous répondons à la fois de ce qui fut et de ce qui sera. Nous avons derrière nous ce qu'ont fait nos pères et devant nous ce que feront nos enfants. Or à nos pères nous devons compte de leur tradition et à nos enfants de leur itinéraire. Nous devons être les continuateurs résolus des uns et les guides prudents des autres. Il serait puéril de se dissimuler qu'un profond travail se fait dans les institutions humaines et que des transformations sociales se préparent. Tâchons que ces transformations soient calmes et s'accomplissent, dans ce qu'on appelle (à tort, selon moi) le haut et le bas de la société, avec un fraternel sentiment d'acceptation réciproque. Remplaçons les commotions par les concessions. C'est ainsi que la civilisation avance. Le progrès n'est autre chose que la révolution faite à l'amiable.

Donc, législateurs et citoyens, redoublons de sagesse, c'est-à-dire de bienveillance. Guérissons les blessures, éteignons les animosités; en supprimant la haine nous supprimons la guerre; que pas une tempête ne soit de notre faute. Quatrevingt-neuf a été une colère utile; Quatrevingt-treize a été une fureur nécessaire; mais il n'y a plus désormais ni utilité ni nécessité aux violences; toute accélération de circulation serait maintenant un trouble; ôtons aux fureurs et aux colères leur raison d'être; ne laissons couver aucun ferment terrible. C'est déjà bien assez d'entrer dans l'inconnu! Je suis de ceux qui espèrent dans cet inconnu, mais à la condition que nous y mêlerons dès à présent toute la quantité de pacification dont nous disposons. Agissons avec la bonté virile des forts. Songeons à ce qui est fait et à ce qui reste à faire. Tâchons d'arriver en pente douce là où nous devons arriver; calmons les peuples par la paix, les hommes par la fraternité, les intérêts par l'équilibre; n'oublions jamais que nous sommes responsables de cette dernière moitié du dix-neuvième siècle, et que nous sommes placés entre ce grand passé, la révolution de France, et ce grand avenir, la révolution d'Europe.

Paris, juillet 1876.

PARIS. — Imp. J CLAYE. — A. QUANTIN et C', rue St-Benoît.

www.ingramcontent.com/pod-product-compliance
Lightning Source LLC
Chambersburg PA
CBHW071254130726
47998CB00003B/1188